DISCOURS

PRONONCÉ

A L'AUDIENCE SOLENNELLE DE RENTRÉE

LE 3 NOVEMBRE 1875

Par M. PACORET DE SAINT-BON,

SUBSTITUT DU PROCUREUR GÉNÉRAL

L'ANCIENNE ET LA NOUVELLE JUSTICE
CRIMINELLE DE LA SAVOIE

CHAMBÉRY

IMPRIMERIE CHATELAIN, SUCCESSEUR DE F. PUTHOD

24, RUE DU VERNEY, 24.

1875

COUR D'APPEL DE CHAMBÉRY

AUDIENCE SOLENNELLE DE RENTRÉE

Aujourd'hui, 3 novembre 1875, à onze heures du matin, les membres de la Cour d'appel de Chambéry se sont réunis dans la chambre du conseil, sous la présidence de M. Aragon, Premier Président, et en présence de M. de Prandière, Procureur général, à l'effet d'assister à la messe du Saint-Esprit et de tenir la séance solennelle de rentrée.

A onze heures et demie, la Cour se rend dans la salle de la Cour d'assises, où a été momentanément dressé un autel; elle y prend place et assiste à la messe du Saint-Esprit, célébrée par M. l'Aumônier de la Cour, et précédée du chant du *Veni Creator*. Après la messe, la Cour entre dans le salon, à midi, le piquet d'honneur forme la haie dans la salle des Pas-Perdus, et un piquet de gendarmes à pied occupe les postes qui lui sont assignés.

MM. les invités sont reçus dans le salon par une députation et ensuite ils sont introduits par MM. les conseillers Coppier et Lobinhes dans la salle des séances solennelles, et prennent les places qui leur sont réservées en conformité des règlements et du décret du 24 messidor an XII.

La Cour, annoncée par un huissier de service, vient occuper ses siéges. M. le Premier Président déclare la séance ouverte et donne la parole à M. le Procureur général. Ce magistrat déclare qu'il a délégué M. de Saint-Bon, l'un de ses substituts, pour porter la parole en son nom. M. de Saint-Bon se lève et prononce le discours suivant :

L'ANCIENNE ET LA NOUVELLE JUSTICE CRIMINELLE
DE LA SAVOIE

Monsieur le Premier Président,
Messieurs,

La haute bienveillance de M. le Procureur général m'a
confié l'honneur et la charge de satisfaire ux prescriptions
de la loi, en portant aujourd'hui la parole devant vous. L'accomplissement de ce devoir est pour mon inexpérience un
écueil redoutable ; je ne puis espérer de le franchir que sous
le couvert de votre extrême indulgence. Le sujet que j'ai
entrepris dépasse, en effet, la mesure de mes forces, comme
il déborde des limites qui me sont tracées, et je n'ai d'autre
désir en l'abordant que d'éveiller l'attention et de provoquer
des études plus autorisées. Je me propose de soumettre rapidement à un examen parallèle l'ancienne et la nouvelle
justice criminelle de la Savoie. Ce champ d'exploration est
trop vaste pour que je puisse le parcourir tout entier ; je
m'attacherai donc principalement aux grandes lignes, sans
toutefois laisser tout-à-fait dans l'ombre divers détails qui
sont dignes d'observation.

L'étude des législations comparées est une mine féconde
pour le jurisconsulte ; des mains savantes l'ont souvent
fouillée : on a interrogé des lois et des mœurs judiciaires bien

différentes des nôtres, et les pouvoirs publics eux-mêmes ont puisé dans l'arsenal des coutumes anglaises.

Cependant, nos lois répressives, produit combiné des traditions et de la doctrine, ont été adoptées par plusieurs peuples voisins, qui les ont peut-être améliorées.

On s'est peu préoccupé jusqu'ici de rechercher, par la comparaison des textes, ce que sont devenus nos codes criminels chez les nations qui se rapprochent de nous par la race et par les mœurs. A une époque où le vent de la réforme souffle sur les institutions les plus élevées, peut-être cette étude comparative, quelque restreinte qu'elle soit, ne sera-t-elle pas sans enseignements et sans intérêt.

L'année 1860 a marqué une évolution de la Savoie vers la grande famille française. Quinze ans se sont écoulés depuis ce grand acte ; *quindecim annos*, dirait Tacite, *grande mortalis ævi spatium*. La période de transition est aujourd'hui terminée, et l'écho d'un passé, déjà lointain, va de plus en plus s'affaiblissant. A la distance où nous sommes de l'annexion, il nous est permis de regarder les deux législations en face, et la critique peut les entrechoquer sans qu'on nous accuse d'irrévérence envers le droit qui nous régit.

Les lois criminelles de la France ont servi de moule aux codes du roi de Sardaigne, Charles-Albert. Sans négliger absolument le code de procédure, je m'attacherai particulièrement au code pénal, dont la rédaction s'est inspirée des critiques de la doctrine et des données de la jurisprudence françaises.

Au frontispice de tous deux, notons tout de suite une importante divergence dans les dispositions qui régissaient la matière des crimes ; le jugement de ceux-ci n'était pas déféré au jury, mais bien aux Magistrats de la Cour d'appel, qui rendaient des verdicts motivés [1]. Il ne saurait entrer dans mon plan de discuter la valeur de l'institution du jury ; cette grande question demande une étude spéciale qui tiendrait à peine dans les limites que m'assigne votre bienveillante attention. Mais qu'il me soit permis de dire que si les fonctions de jurés ont été longtemps exercées par les magistrats de la Savoie, nulle part elles n'ont été remplies avec plus d'honneur, de sagesse, d'indépendance et d'impartialité.

En dehors de cette différence fondamentale, j'ai à signaler, en abordant l'étude de la procédure, d'autres modifications qui, pour être moins profondes, ne sont pas indignes de toute attention.

Plaçons en premier lieu l'action de la police judiciaire ; la loi française confie aux magistrats l'instruction des causes criminelles ; mais elle investit, en même temps, les hauts fonctionnaires de l'administration départementale d'attributions parallèles, dont l'exercice, quelque limité qu'il soit, est de nature à créer des conflits entre les pouvoirs.

Rien de semblable sous la loi sarde ; le juge d'instruction seul est chargé de diriger la police judiciaire sur les réquisitions du ministère public [2]. Cette garantie des justiciables a été poussée si loin que le Procureur du Roi lui-même ne peut, dans aucun cas, agir seul, nonobstant l'urgence. Là,

[1] Code de procédure criminelle pour les États de S. M. le Roi de Sardaigne. art. 9 et 448.
[2] Ibid., art. 67 et suivants.

évidemment, l'idée inspiratrice de la loi était dépassée ; qu'il n'y ait pas de concurrence administrative vis-à-vis des magistrats chargés d'instruire sur les crimes et les délits, rien de mieux ; mais que le ministère public, à qui on ne refuse pas le droit de citation directe devant les tribunaux, ait au moins, dans l'élaboration des causes, les mêmes pouvoirs personnels que ses subordonnés. La même rigueur de principe a interdit de déléguer les pouvoirs de l'instruction à tout autre que le juge cantonal [1] Cette prohibition restreint l'avantage d'une autre mesure, qui élève au rang d'officiers de police judiciaire les sous-officiers de gendarmerie [2]. Notons qu'en cas d'urgence le Magistrat qui instruit peut procéder même en dehors de son territoire, à la charge d'en donner avis immédiat au juge compétent [3]. Cette prorogation de pouvoirs est des plus utiles en cas de crime commis sur la limite de deux juridictions.

La rédaction ambiguë d'un article du Code français sur le flagrant délit a fait douter de la doctrine de la légalité de l'arrestation sans mandat du prévenu, auquel on n'impute pas un crime proprement dit [4]. La jurisprudence et la loi de 1863 ont fait à bon droit prévaloir l'affirmative ; des textes précis du Code sarde ne permettaient pas de méconnaître, sur ce point, la pensée de la loi [5].

Lorsqu'une question préjudicielle se pose devant le juge

---

[1] Code de procédure criminelle, etc., art. 68.

[2] Ibid., art. 44.

[3] Ibid., art. 27.

[4] Code d'instruction criminelle, art. 40.

[5] Code de procédure criminelle, etc., art. 47, 51, 62.

de la répression, on applique en France par analogie une disposition de la loi forestière qui autorise le sursis [1]. Le Code sarde édicte à ce sujet une règle formelle, qui peut être invoquée dans l'instruction même avant le jour des débats publics [2].

Étudions rapidement les dispositions spéciales de la loi ancienne en matière d'enquête. Il est admis dans la jurisprudence française, que le plaignant, après avoir témoigné dans sa propre cause, et exercé peut-être sur la décision du juge une action prépondérante, peut à la dernière heure présenter utilement la note civile de ses griefs, justifiée par sa propre déposition. Le Code sarde a voulu, au contraire, que les dénonciateurs et les plaignants ne soient jamais entendus comme témoins, si ce n'est sur la réquisition de l'accusé dans l'intérêt de sa défense [3]. Il a de même édicté comme absolue la prohibition d'entendre les proches parents de l'accusé [4]. Cette dernière disposition a été dictée par un louable sentiment d'humanité; mais les prescriptions plus rigides de la loi française sont basées sur les impérieuses exigences de la répression et de la sécurité publique.

Importe-t-il à la sûreté de l'instruction que les témoins soient appelés devant le juge par une citation régulière? Le Code français l'a pensé, et il a édicté comme sanction d'une disposition impérieuse l'amende contre le greffier et la prise

[1] Code forestier. art. 182.
[2] Code de procédure criminelle, etc., art. 29.
[3] Ibid., art. 151.
[4] Ibid., art. 148.

à partie contre le magistrat [1]. Ce formalisme rigoureux est d'une utilité contestable ; la pratique ne s'y est pas attachée et le Code sarde l'a repoussé par une disposition formelle [2]. Il a de même fixé par un texte les hésitations de la jurisprudence sur les franchises des témoins, liés par le secret professionnel [3].

 Avant de donner son témoignage, l'une et l'autre législation exigent que le comparant jure de dire la vérité. Mais la forme et les effets du serment ne sont pas les mêmes dans les deux codes. Sur une simple invitation du juge français, le témoin jure en élevant la main droite ; mais la loi sarde veut que chaque individu prête serment suivant les rites de son culte. S'il est catholique, il jure en touchant de la main droite les Saintes-Écritures. Dans tous les cas, il reçoit sur l'importance du serment une sérieuse remontrance de la part du magistrat, qui lui rappelle, en outre, les peines établies contre ceux qui se rendent coupables de faux témoignage [4]. Cette menace n'est point vaine et trouve sa sanction dans les dispositions de la loi pénale. La jurisprudence française, au contraire, exempte de toute pénalité le faux témoin qui n'a point encore déposé aux débats publics. Permettez-moi de penser, Messieurs, que le système de la loi sarde est plus conforme à la logique comme aux nécessités de l'information. Ou supprimez le serment dans l'instruction écrite, ou faites respecter le caractère sacré d'un pareil acte !

[1] Code de procédure criminelle, etc., art. 74 et suiv., et 77.
[2] Ibid., art. 156 et 157.
[3] Ibid., art. 150.
[4] Ibid., art. 161, 162.

Il peut arriver que sans se rendre précisément coupable de faux témoignage, un témoin refuse de dire la vérité sur un fait dont il est prouvé qu'il a connaissance. Là encore, la loi sarde s'est montrée sage, en punissant la réticence si on y persiste après avertissement[1]. Le témoin, comme le pénitent, doit une confession entière.

Plaçons la critique après l'éloge ; le Code sarde ne permet pas au juge de confronter les témoins entre eux ou avec les prévenus, à moins que, s'agissant d'un délit emportant peine corporelle, il ne puisse se procurer autrement des indices suffisants sur l'infraction et son auteur[2]. Quel est le motif de cette prohibition ? Pourquoi interdire au Magistrat ce débat préparatoire de nature à éclairer sa religion, et qui doit se reproduire bientôt au grand jour de l'audience ?

L'enquête faite, le juge est appelé à disposer de la personne du prévenu ; la loi française lui permet de décerner quatre sortes de mandats. Le juge sarde n'en a que deux dans son arsenal, le mandat de comparution et le mandat d'arrêt[3].

Cette réduction est critiquable, car elle oblige le Magistrat instructeur à préjuger le résultat de l'interrogatoire ; le juge français, au contraire, en décomposant le mandat d'arrêt par ceux d'amener et de dépôt, a la faculté de renvoyer l'inculpé libre après l'avoir entendu. Hâtons-nous d'ajouter que cette rigueur de la loi sarde était tempérée par une disposition

---

[1] Code de procédure criminelle, etc., art. 171, et Code pénal sarde, art. 385.
[2] Ibid., art. 223.
[3] Ibid., art. 172 et suiv.

très favorable aux prévenus, qui n'a été introduite en France que par la loi du 4 avril 1855. Le juge pouvait, en effet, sur les conclusions conformes du Ministère public, donner en toute matière main-levée du mandat d'arrêt, sans préjudice d'un nouveau mandat, s'il y avait lieu, à la charge par le prévenu de se représenter à tous les actes de la procédure, et pour l'exécution du jugement sur simple réquisition [1].

Le juge pouvait user de cette faculté même au grand criminel, tandis que la liberté provisoire, moyennant caution, n'était accordée qu'au prévenu de simple délit. Il est à noter que si la somme fixée par le cautionnement pour réparations civiles, amendes et frais, se trouvait insuffisante, on devait acquitter de préférence avant même de recouvrer les avances du Trésor, soit les frais de traitement et d'aliments de la partie lésée pendant sa maladie, soit les frais de défense du prévenu [2].

La même loi soumet à des formes précises et spéciales les citations en matière criminelle; elle accorde au prévenu huit jours pour préparer sa défense, et met en sa présence la partie lésée, si celle-ci juge à propos d'intervenir. Enfin, elle veut que la liste des témoins, tant à charge qu'à décharge, soit déposée au greffe, à la disposition des intéressés, vingt-quatre heures avant l'audience [3].

Si le prévenu ne se présente pas au jour fixé, il n'est pas nécessairement jugé par défaut; mais s'il est absent ou autrement empêché de comparaître ou de produire ses moyens

[1] Code de procédure criminelle, etc., art. 177.
[2] Ibid., art. 206.
[3] Ibid., art. 242, 291, 292, 298, 304.

de défense, il peut obtenir du juge un délai, sur sa propre demande, ou sur celle de ses parents ou amis[1]. Cette faculté écrite dans la loi constitue à la charge de l'inculpé, faute de s'en prévaloir ou de comparaître, une présomption légitime d'insoumission à la justice; aussi, le défaut ne peut plus être relevé dix jours après la signification faite à personne, ou un mois après celle qui n'a pas touché personnellement le condamné[2]. Dans ce dernier cas, la loi française admet, en général, l'opposition au jugement jusqu'à la prescription de la peine. La condamnation demeure ainsi plus ou moins flottante au caprice du condamné qui, pour obtenir sa réformation, peut choisir, dans une période de cinq années, le moment où les preuves du délit auront disparu. Mais, dira-t-on, le jugement par défaut forme un titre provisoire : sans doute, et le condamné à l'emprisonnement poura être saisi de sa personne. Mais le recouvrement de l'amende et des dommages-intérêts seront paralysés par la crainte, tant que les frais engagés pourront être déclarés frustratoires par un jugement réparateur.

Disons cependant que si le système introduit par la loi de 1866 entraîne certains inconvénients au point de vue pratique, il est théoriquement plus équitable, en accordant un nouveau débat à celui qui peut ignorer la décision qui le frappe.

Si le prévenu comparaît, il peut, en France, se faire assister d'un défenseur; s'il est indigent, il peut en demander un

[1] Code de procédure criminelle, etc., art. 245, 302.
[2] Ibid., art. 308.

à la désignation du Président ; mais, le plus souvent, cette formalité n'est pas remplie, en première instance du moins, et le pauvre se défend lui-même. La loi sarde ne craignait point de confier à des membres de la Cour d'appel le soin de défendre les inculpés, quels qu'ils fussent ; pauvre ou riche, quiconque avait à se disculper devant les tribunaux de répression, avait nécessairement pour appui un Magistrat d'un ordre élevé qui plaidait lui-même dans sa résidence, et dirigeait la défense partout ailleurs [1]. Il ne saurait entrer dans mon plan de présenter ici l'éloge de cette grande institution du Bureau des Pauvres, pépinière de Magistrats distingués, qui rayonnait sur les causes civiles comme sur les affaires criminelles, et rendait si efficacement service à la justice. Qu'il me suffise de lui adresser l'hommage d'un regret, et de la signaler à l'étude des consciencieux explorateurs du passé !

En cas de condamnation au principal, le juge criminel proclamait, s'il y avait lieu, au profit de la partie lésée, non constituée civilement, le principe des dommages-intérêts dont la liquidation s'opérait ailleurs [2].

A l'encontre de la jurisprudence française, le délai d'appel ne se confondait aucunement avec le délai pour former opposition, l'expiration de celui-ci formant le point de départ de celui-là [3]. Quant au droit d'appel, il existait toujours au profit du condamné si le jugement prononçait une peine corpo-

---

[1] Code de procédure criminelle, etc., art. 562 et suiv.
[2] Ibid., art. 498, 512.
[3] Ibid., art. 327.

relle, mais, en cas de simple amende, il recevait une limita-
tion de la quotité. Le droit du Ministère public s'exerçait
dans les mêmes conditions, sans qu'aucun privilége mît les
jugements de simple police à l'abri du contrôle du Tribunal
supérieur. Mais, par une sage économie de la loi, le Ministère public près la juridiction d'appel, avant de saisir celle-
ci, conservait le droit d'examiner la valeur des griefs formu-
lés par son subordonné [1]. Le Procureur général avait, en
outre, comme en France, le droit de déférer à la Cour les jugements des Tribunaux correctionnels dans les causes appe-
lables, mais il devait le faire dans le délai d'un mois si le
jugement lui était notifié [2].

Enfin, Messieurs, lorsqu'une condamnation pour délit était
devenue définitive, la bienveillance de la loi apportait encore
un tempérament dans certaines infractions ; les ascendants et
les époux pouvaient remettre la moitié de la peine prononcée
à raison des offenses reçues de leurs descendants ou de l'autre époux, sans préjudice de l'efficacité absolue du pardon en
cas d'adultère [3].

Telles sont, Messieurs, les modifications que j'ai cru devoir
relever sommairement dans l'œuvre du législateur sarde de
1847 ; le Code de l'Empire, qui lui a servi de base, a été
complété dans sa rédaction et souvent amélioré : l'intérêt de
la défense a été l'objet d'une sollicitude particulière. Peut-
être l'instruction paraîtra-t-elle assujettie à des formalités
trop multipliées et de nature à embarrasser sa marche. Mais

---

[1] Code de procédure criminelle, etc., art. 324. 363, 333.
[2] Ibid., art. 339.
[3] Ibid., art. 533.

un système de procédure, fondé en dehors de l'institution du jury, a dû faire reposer la conviction non-seulement sur le sens intime des magistrats, mais encore sur la matérialité des preuves. En faisant la part de cette divergence nécessaire, j'estime que la loi ancienne de la Savoie pourrait offrir à une œuvre de réforme de notre Code de sérieux éléments.

J'aborde maintenant l'examen rapide du Code pénal. Le Code de 1810, rédigé à une époque où florissaient les théories de Bentham, ne s'est pas seulement inspiré de la doctrine des utilitaires, mais il leur a allié, dans quelque mesure, le dogmatisme de Kant et le système du droit de défense ; aussi, on a dit de lui, qu'il présentait « l'anarchie éclatante des principes les plus contraires. » Heureuse anarchie qui tempère par des prescriptions plus humaines et plus pratiques la rigueur des principes absolus ! Lorsqu'en 1839, Charles-Albert imprima son cachet particulier à l'œuvre impériale, de nouvelles théories avaient prévalu. La doctrine abandonnait le matérialisme de Bentham et faisait reposer le droit de punir sur la justice morale, limitée par l'utilité sociale. C'est à cette école, fondée par les publicistes les plus distingués, que s'est inspiré le Législateur de la Savoie. Aussi, bien qu'il ait suivi d'une manière générale le Code de 1810, il ne l'a point copié servilement, et, par une rédaction nouvelle, il a accompli la réforme devant laquelle ont reculé les criminalistes de 1832.

Ceux-ci, en effet, ont bien adouci quelques pénalités, supprimé ou modifié quelques articles, mais ils n'ont pas repétri l'ensemble des lois criminelles, comme s'ils n'osaient mesurer leur taille à celle des législateurs de la grande époque. Leur œuvre çapitale est la faculté donnée au juge du fait de déclarer en toute matière l'existence des circonstances atténuantes, et le pouvoir conféré au juge du droit de réduire éventuellement les peines dans la plus large proportion. On est ainsi revenu au système des peines arbitraires, et l'édifice de réformation que l'on ne voulait pas élever législativement, a été confié aux tâtonnements des Magistrats et aux caprices du Jury.

L'établissement d'un maximum et d'un minimum, en permettant au juge de se mouvoir librement dans le cercle étendu de la pénalité, donnait au principe de subjectivité une satisfaction suffisante; il combinait dans la répression la criminalité objective avec le caractère intentionnel de l'acte. Mais à côté de ce droit ordinaire, on a voulu créer un droit exceptionnel, dans la prévision d'éventualités non définies, et absolument rebelles à un classement régulier. Cet ordre d'idées n'était point à négliger, sans doute; mais par un abaissement excessif du taux de la pénalité, on lui a donné dans la réforme du Code une place prépondérante; la pratique a fait de l'exception la règle, et, sous le vent capricieux de l'inspiration personnelle, elle a substitué aux règles d'une législation uniforme les scandales d'une choquante inégalité.

Le Réformateur sarde ne s'est point engagé dans cette

voie, et, tout en réduisant, dans un certain nombre de cas, des pénalités qu'il jugeait exagérées, il n'a point permis au juge de franchir les limites tracées par le droit commun ; il a admis toutefois, et dans une mesure plus large que le Code de 1810, la mitigation des circonstances atténuantes, mais seulement dans des cas déterminés [1]. Il aurait fait un pas de plus, sans doute, si son système pénal eût alors cadré avec l'institution du jury, et, comme l'a fait plus tard le Code italien, il aurait admis la réduction d'un degré de la peine dans tous les cas de circonstances atténuantes, déclarées par le juge du fait. Cette diminution d'un degré, suivant le sens juridique du mot dans le Code sarde, n'implique pas nécessairement, dans les condamnations temporaires, un changement dans la nature de la pénalité ; mais elle affranchit le coupable des peines irréparables ou perpétuelles. L'atténuation, ainsi comprise, se déduit logiquement des principes du droit criminel, et n'efface pas, d'un trait de plume, les dispositions précises de la loi.

En relevant ainsi, dans le droit ancien de la Savoie, une homogénéité plus complète, je n'ai pas la prétention, Messieurs, de le présenter absolument comme un modèle. Sans doute, Charles-Albert a remanié savamment le Code de l'Empire, mais un grand nombre de pénalités qu'il a maintenues ou introduites, paraîtraient trop sévères aujourd'hui. Les délits contre la Religion notamment ont été punis avec une rigueur parfois excessive, qui faisait reculer les Magistrats

[1] Code pénal pour les États de S. M. le Roi de Sardaigne, art. 727 et suivants.

chargés d'exécuter la loi. La circonstance qu'il y avait alors une Religion de l'Etat explique, sans la justifier, cette extrême sévérité.

Quant aux peines, en général, elles étaient à peu près de même nature qu'en France. La déportation ne pouvait exister dans un pays privé de colonies, la relégation équivalait à la détention et prenait place dans l'échelle des peines au-dessous de la réclusion ; au lieu de la dégradation civique, la loi prononçait l'interdiction des fonctions publiques. La mort, les travaux forcés à perpétuité, et, dans quelques cas, les travaux forcés temporaires, étaient seuls notés d'une tache d'infamie [1]. On a soutenu, plus d'une fois, que la peine de la réclusion est aussi sévère que celle des travaux forcés ; si telle est l'impression des condamnés, il est regrettable qu'il y ait coïncidence même partielle dans la durée des deux peines. Le Code sarde échappait en grande partie à cette critique, en assignant à la réclusion une durée de 3 à 10 ans, et aux travaux forcés une période de 10 à 20 ans ; le maximum de durée de la peine inférieure devenait ainsi le minimum de l'autre [2].

Les peines correctionnelles étaient, outre l'emprisonnement et l'amende, le confinement, l'exil local et la suspension des fonctions publiques. Le confinement, qu'il ne faut point confondre avec la surveillance de la haute police, consistait dans l'assignation d'une résidence forcée. L'exil local interdisait aux condamnés l'accès de localités déterminées [3].

[1] Code pénal sarde. art. 13 et 24.
[2] Ibid. art. 59. 60.
[3] Ibid., art. 26. 29. 30.

Des peines accessoires pouvaient en outre être prononcées [1] ;
l'une d'elle, le carcan, est répudiée par les mœurs publiques ;
d'autres, comme l'amende honorable et la soumission, sont
ou sans portée ou excessives ; d'autres, enfin, peuvent être
prises en considération par le criminaliste : telles sont l'interdiction temporaire de l'exercice d'un emploi, d'un négoce
ou d'un art, et l'admonition. Celle-ci, à la fois censure et
avertissement, pouvait constituer la peine principale et uni-
que en matière de simple police [2].

Dès avant la loi française de 1854, le législateur sarde ré-
pudiait la mort civile [3] ; il maintenait la peine accessoire de
la surveillance réduite à l'obligation de se présenter à l'autorité pour rendre compte de sa conduite, mais il imputait sur
sa durée l'emprisonnement subi en cas de désobéissance [4].
De même, il réduisait à deux années, au maximum, l'exercice possible de la contrainte par corps. Enfin, par une mesure bienveillante, que l'équité conseille si la rigueur de la
théorie peut la critiquer, il permettait d'escompter, par la
détention préventive, partie ou totalité de la peine d'emprisonnement [5].

Etudions l'économie de la loi sarde sur les infractions qui
n'ont pas été entièrement consommées, c'est-à-dire sur la
tentative. La loi française punit, comme le crime même, le
crime tenté ou manqué. Elle ne punit la tentative de délit que
lorsqu'elle l'énonce expressément.

---

[1] Code pénal sarde, art. 38.
[2] Ibid., art. 56.
[3] Ibid., art. 20.
[4] Ibid., art. 49.
[5] Ibid., art. 62.

L'ancien droit de la Savoie avait, sur ce point, des règles différentes. Lorsque l'agent, malgré l'épuisement de ses efforts, n'a pas accompli le but final, le crime consommé subjectivement ne l'est cependant pas d'une manière effective; si la violation de la loi morale est complète, la loi sociale serait plus gravement atteinte par le résultat matériel. Le droit de punir reposant sur la combinaison des principes d'utilité et de justice, aucun de ces deux éléments ne doit prévaloir exclusivement dans la loi répressive; dès lors, le crime manqué ne peut être assimilé dans la peine au crime consommé. Lorsque l'acte n'est pas même accompli subjectivement, la nécessité d'une distinction apparait avec plus d'évidence encore. Si la tentative a été suspendue par le repentir de l'agent, il serait injuste de le punir; si le désistement est dû à des causes extrinsèques, le commencement d'exécution devient punissable, mais dans une mesure plus faible que l'infraction accomplie. Prononcer une peine égale pour deux faits dont l'un n'est qu'une fraction de l'autre, c'est punir des actes qui ne sont pas encore commis, c'est atteindre par la répression la seule volonté de violer la loi, c'est fermer la porte au repentir possible du coupable, c'est enfin ne tenir aucun compte du caractère objectif de l'infraction. Quant à la tentative de délit, pourquoi déclarer qu'en principe elle n'est pas punissable? Ne semble-t-il pas qu'il y ait ici une confusion d'écoles? D'une part, avec la rigueur dogmatique de Kant, on s'attache en matière de crime à l'intention du coupable; mais d'autre part, s'il s'agit de délit, l'influence de Bentham reparait, et c'est le dommage social que l'on a principalement en vue! En outre, la ligne de démarcation entre le délit et le crime, difficile à tracer en théorie pure, varie souvent au gré du législateur; lorsqu'un crime est déclassé, on passe, en matière de tentative, d'un système de rigueur absolue à une complète impunité. On répond, il est vrai, à cette objection en rappelant que la loi a puni spécialement les tentatives de délit lorsque leur gravité lui en fait un devoir; mais peut-être l'exception aurait-elle dû devenir la règle; car, dans plusieurs cas, des actes coupables et dommageables dans leur principe, se trouvent à l'abri de la pénalité[1].

Le Code de Charles-Albert a rendu hommage aux vrais principes en réduisant d'un degré la peine du crime manqué, de deux à trois degrés celle du crime tenté, et en punissant, suivant les mêmes proportions, la tentative de délit. Le même Code considère avec raison le simple mandat comme un acte d'exécution suffisant pour constituer la tentative[2].

Lorsqu'un individu se rend coupable de plusieurs crimes, délits ou contraventions, le législateur est amené à tracer des règles différentes, suivant que la première infraction a été ou non l'objet d'une condamnation irrévocable. Le premier cas est celui de la récidive; la question du cumul des peines se pose dans le second. Étudions d'abord ce dernier.

L'épuisement partiel de la pénalité lorsque la répression s'applique simultanément à plusieurs crimes ou délits, se déduit des plus sages conceptions de la doctrine et de la phi-

---

[1] *Vide*, art. 134, 135, 153 et suiv., 171, 184, 257, 258, 268 et suiv., 311, 408, 456, etc., du Code pénal français.

[2] Code pénal sarde, art. 102, 103, 104.

losophie juridiques. Les deux législations dont je m'occupe en ont consacré le principe ; elles ne varient que dans son application. A travers la brièveté des textes et les tâtonnements de la jurisprudence, voici ce qu'on peut lire dans la loi française : « les peines se cumulent jusqu'à concurrence du maximum de la peine la plus forte ». Cette règle oblige parfois le juge à choisir entre l'impunité absolue et une condamnation trop sévère. Parmi plusieurs exemples, citons celui qui nous est donné par un arrêt de la Cour suprême en date du 7 juin 1849 : « L'accusé déclaré successivement coupable, avec circonstances atténuantes, par deux Cours d'assises, du crime de faux en matière de commerce, et condamné par la première à cinq années d'emprisonnement, peut être condamné par la seconde à la peine de la réclusion, si la condamnation antérieure ne paraît pas suffisante pour la répression des deux crimes ; mais cette Cour ne peut lui infliger la peine d'emprisonnement pour une durée quelconque, le maximum de cette peine ayant déjà été prononcé. »

Le vice de la loi ressort suffisamment de la doctrine de cet arrêt. Le maximum de la peine, qui peut être doublé en cas de récidive, doit pouvoir être dépassé en cas de simple cumul de condamnations. Cette règle, que la pratique judiciaire met en évidence, a servi de base au législateur sarde.

Lorsque la nature de la peine le permet, le concours de plusieurs crimes donne lieu à une augmentation de durée de cette peine, pouvant s'étendre à cinq ans, et, dans certains cas, à dix ans au-delà du maximum. Le concours de plusieurs délits donne pour limite à la peine la moitié en sus du maximum. La même mesure est applicable, s'il y a deux contraventions, mais on peut atteindre le double du maximum, s'il y en a trois ou davantage [1].

On admet généralement qu'une condamnation pénale, puissant avertissement de la justice, imprime à une infraction nouvelle un caractère spécial d'improbité ; mais quelques théoriciens voudraient qu'il n'y eût de récidive punissable qu'à l'égard des crimes et délits de même nature. La diversité des infractions peut certainement éclairer le juge sur le degré de malice du coupable, et la flexibilité de la peine permet à la répression de ne pas dépasser la juste mesure ; mais l'élément subjectif qui domine la matière de récidive, n'admet que faiblement la distinction proposée. Si le dommage social varie dans sa forme, il y a solidarité dans les principes de la loi morale, et celui qui transgresse une seule de ses prescriptions, ébranle la loi tout entière : « *Qui offendit in uno factus est omnium reus.* »

Cette doctrine a été consacrée à bon droit par l'une et l'autre législation ; mais le Code sarde a réduit les pénalités édictées dans la loi française. Celle-ci, pour la récidive de crime à crime, ne se préoccupe pas de la nature de la première condamnation, et prononce, en général, pour le second crime, une peine d'un ordre supérieur à la peine ordinaire, dût cette aggravation s'étendre jusqu'à la mort. Pour la récidive du crime à délit ou à crime puni correctionnellement, ou encore de délit important à délit simple, le juge

---

[1] Code pénal sarde, art. 111 et suiv.

peut étendre la peine de la nouvelle infraction jusqu'au double du maximum. Mais l'ambiguïté des textes a provoqué dans la doctrine une discussion grave, à laquelle a pris une part brillante un éminent Magistrat de ce siége [1] ; l'intérêt du sujet m'inviterait à en faire ici l'analyse ; mais le cadre de mon étude ne me permet pas cette digression.

Le Code sarde gradue les peines de la récidive suivant la quotité de la première condamnation pour crime ; il ne modifie pas en général la nature de la peine méritée pour la nouvelle infraction, et il ne prononce que par exception la peine de mort. En cas de récidive de délit à crime, il veut que la nouvelle condamnation excède le minimum. Le même Code n'a pas exigé pour la constitution de la récidive de délit à délit, une condamnation précédente à plus d'une année d'emprisonnement [2] ; ce système, en effet, attribue à un délit léger une valeur très variable, selon qu'il a suivi ou précédé un autre délit plus important.

Disons enfin que le législateur sarde s'est séparé de la doctrine en ce qui concerne l'amnistie ; au lieu de considérer dans tous les cas ce grand acte comme l'effacement absolu du passé, il ne lui attribue ce caractère que lorsque, par une disposition législative, le fait amnistié cesse d'être compris au rang des infractions. Dans les autres cas, l'action publique sommeille, la condamnation ne s'exécute pas ; mais l'infraction commise subsiste comme une menace et concourt

---

[1] M. Bazot, président de chambre à la Cour d'appel de Chambéry.
[2] Code pénal sarde, art. 123 et suiv.

éventuellement soit à la formation de la récidive, soit à l'aggravation de la peine, à raison du cumul des délits [1].

Suivant le même courant d'idées, la récidive, à l'encontre du droit français, interrompt la prescription [2].

Occupons-nous maintenant des personnes punissables, et plaçons en premier lieu les règles de la complicité.

On peut reprocher au Code pénal français d'avoir confondu doctrinalement les complices avec les co-auteurs, d'avoir gardé le silence sur le mandat pur et simple se référant à une infraction, d'avoir puni les complices comme les auteurs principaux, de s'être tu sur l'influence à l'égard d'autrui, des circonstances et qualités inhérentes à la personne, de n'avoir pas puni, hors le cas de recel, les complices de vol commis au préjudice d'ascendants, enfin d'avoir assimilé, dans la peine, le receleur au complice et par suite à l'auteur principal.

Le Code sarde différencie logiquement les agents principaux des complices ; il assigne le premier caractère à ceux qui ont donné mandat pour commettre le délit, qu'il y ait eu ou non dons, promesses ou menaces, et à ceux qui ont participé immédiatement et par leur fait à l'exécution du délit, ou qui, dans l'acte même d'exécution, ont efficacement prêté une aide pour en procurer la consommation. Les complices sont ceux qui ont provoqué à l'infraction ou donné des indications pour la commettre, ceux qui ont sciemment procuré un moyen qui ait servi à sa perpétration, ceux enfin qui, sans

[1] Code pénal sarde, art. 132, 133. 134.
[2] Ibid., art. 152.

participer immédiatement à l'exécution du délit, ont, avec connaissance, aidé l'auteur principal dans les faits qui ont préparé ou facilité son œuvre ou dans ceux qui l'ont consommée [1].

Ces distinctions établissent des catégories de coupables, suivant que l'agent a pris une part plus ou moins directe à la perpétration du délit. Il est évident que les agents principaux sont des co-auteurs et qu'ils doivent être punis de la peine même établie pour l'infraction. Il en doit être ainsi des complices, lorsque, sans leur coopération, l'infraction n'eût pas été commise. En dehors de ce cas, le degré de perversité n'est pas le même entre le simple complice et l'auteur principal, et la peine de celui-là doit être réduite, au besoin de plusieurs degrés, en tenant compte des circonstances.

Ces dispositions, conformes à la saine théorie du droit criminel, étaient sanctionnées par la loi ancienne de la Savoie. Un texte spécial excluait l'influence sur les co-auteurs et complices des circonstances et des qualités personnelles à l'un des auteurs de l'infraction. Un autre texte spécialisait l'immunité accordée en cas de vol au préjudice des ascendants ou de certaines autres personnes [2].

A l'égard des receleurs, la loi distinguait trois situations : le recel peut avoir lieu de concert ou d'intelligence avec l'auteur du vol, ou bien sans concert préalable, mais avec connaissance de cause ; enfin, commencé de bonne foi il peut devenir dolosif. Dans le premier cas, le receleur était puni

<hr>

[1] Code pénal sarde. art. 107 et suiv.
[2] Ibid.. art. 110. 681.

comme complice ; il subissait une peine moins sévère dans le second, et dans le troisième cas, il payait une amende égale à quatre fois la valeur des objets recelés [1].

Parmi les personnes punissables, chacun reconnait qu'on ne peut classer ceux qui, au temps de l'action, étaient dans un état d'imbécilité, de démence, ou de fureur occasionnée par maladie, ni ceux qui ont été contraints par une force à laquelle ils n'ont pu résister. Mais ces causes justificatives peuvent admettre des degrés ; la loi française les suppose absolues. La loi sarde, plus clémente, leur fait une part d'immunité lorsqu'elles sont incomplètes, et autorise le juge à réduire la peine dans une très large proportion [2].

L'obéissance à la loi et à l'autorité légitime justifie les violences envers les personnes ; il en est de même de la légitime défense, même lorsqu'il s'agit de repousser un attentat violent à la pudeur ; cette dernière interprétation est consacrée par un texte du Code sarde [3].

Parmi les causes qui diminuent l'imputabilité morale de l'acte et par suite la rigueur de l'action répressive, le jeune âge du délinquant ne peut être négligé par le criminaliste. La loi civile frappe d'une présomption d'incapacité quiconque contracte avant l'âge qui lui a paru représenter la pleine possession des facultés intellectuelles ; mais elle déclare le mineur non restituable contre les obligations qui naissent de son délit. La responsabilité civile s'éveille donc dans la vie

[1] Code pénal sarde, art. 687, 688, 689.
[2] Ibid., art. 100.
[3] Ibid., art. 614.

humaine à des périodes différentes, suivant qu'elle dérive d'un contrat ou d'un délit. C'est que les rapports compliqués de la vie civile veulent une maturité d'esprit que n'exigent point les enseignements simples et précoces de la loi morale. Toutefois, si le cœur de l'homme reçoit de bonne heure les salutaires impressions du droit naturel, son esprit ne s'ouvre que graduellement à la pleine lumière, le développement de ses facultés électives est lent et continu, et l'entier dégagement de sa responsabilité pénale ne se produit guère qu'à une époque rapprochée de sa majorité civile. Il convient donc de diviser l'âge de minorité en plusieurs périodes répondant chacune à une phase de développement de la conscience, et de graduer, suivant la même mesure, les adoucissements de la répression.

La loi française a eu des inspirations différentes, ou du moins elle n'a donné qu'une satisfaction partielle aux principes que je viens d'exposer. Elle a fixé l'âge de 16 ans comme le terme absolu de la minorité au point de vue du Code pénal; au-dessus, la responsabilité de l'agent est complète; au-dessous, le juge du fait doit analyser les circonstances du délit et décider si la loi a été transgressée avec le discernement nécessaire. Au cas de la négative, le mineur de 16 ans est exempt de peine, mais on peut prendre à son égard des mesures préventives. S'il y a eu discernement, on applique au jeune délinquant des peines modérées. Ce système suppose l'éveil complet de la conscience à un âge trop inférieur à celui de la majorité civile et il n'admet pas une gradation suffisante dans le développement moral de l'agent.

Le Code sarde a, suivant la doctrine des jurisconsultes romains, divisé l'âge de minorité en trois périodes. Au-dessous de 14 ans, on applique à l'impubère les règles que la loi française a établies pour le mineur de seize ans ; le minimum des peines est toutefois moins élevé et la détention dans une maison de correction par voie préventive ne peut dépasser l'âge de 18 ans [1].

A 14 ans, l'enfant atteint l'âge de puberté que la loi prolonge jusqu'à la dix-huitième année inclusivement. Pendant cette période, le discernement est présumé, mais le dol de l'agent n'est pas réputé complet ; car les actions coupables ne sont pas alors l'effet d'une perversité profonde, mais bien plutôt le résultat du défaut d'expérience, de l'élan des passions, de la vivacité d'imagination et de l'ardeur inconsidérée qui sont le propre de cet âge. La loi ne peut châtier l'adolescent comme elle punit l'homme fait ; aussi le droit sarde réduit-il les pénalités les plus fortes à la réclusion dont le juge peut doubler la durée [2].

Enfin s'ouvre la période de minorité simple qui va de 18 à 21 ans. La conscience s'est élevée par degrés de la simple intuition à l'intelligence du droit naturel ; toutefois, le développement moral est encore inachevé et il a paru juste au même législateur d'accorder en général au délinquant de cet âge une diminution d'un degré sur la peine ordinaire [3].

Le Code français, qui n'admet que difficilement des degrés dans le dol punissable, a été fidèle à son principe en passant

[1] Code pénal sarde, art. 93, 94.
[2] Ibid., art. 95.
[3] Ibid., art. 96.

complètement sous silence les sourds-muets. Dans ce système, on présume la responsabilité de ces êtres malheureux et la peine ordinaire leur est infligée sans rémission si leur défenseur ne prouve l'oblitération de leur conscience que l'éducation n'a point développée. Ce système absolu n'est pas appliqué aux délits de l'enfance ; pourquoi l'admettre à l'égard des sourds-muets ?

La notion générale du bien et du mal éclaire toutes les consciences et se retrouve chez tous les peuples ; elle se résume en un petit nombre d'axiômes qu'on a appelés les principes de la loi naturelle. Mais quelle est l'origine de cette loi ? Est-elle écrite dans le cœur de l'homme par la main de Celui qui le créa, ou bien sa céleste origine résulte-t-elle des traditions les plus anciennes de l'humanité ? La conscience est-elle un livre mystérieux où chacun peut lire sans le secours de ses semblables, ou plutôt n'est-elle pas un clavier divin, muet par lui-même, mais susceptible de vibrer à tout contact révélateur ? Une lutte des plus vives s'est engagée sur ce terrain entre les philosophes ; mais l'analyse psychologique appliquée aux sourds-muets de naissance semble donner raison à ceux qui pensent qu'en morale comme en religion la foi vient de l'ouïe.

La solution de ce problème n'est pas sans importance sur la question qui nous occupe ; elle n'est cependant pas essentielle pour le législateur. Que la loi dite naturelle soit écrite au dedans ou apprise au dehors, il faut que la conscience ait un certain développement pour qu'on puisse soit y lire, soit y imprimer les preceptes de la loi morale ; ce développement, c'est l'éducation qui le procure, et les êtres isolés, déshérités de ses bienfaits, sont rebelles à des enseignements qui ne leur sont pas suffisamment connus.

Tel est le plus souvent le sort des sourds-muets. Le Code sarde s'est occupé avec raison de leur responsabilité ; il a distingué sagement entre ceux qui sont instruits et ceux qui ne savent ni lire ni écrire. Contre ces derniers, quel que soit leur âge, il faudra prouver qu'ils ont agi avec discernement ; ils seront alors punis comme l'enfant de la première période ou comme le pubère, suivant le degré de méchanceté dont ils auront fait preuve. Le sourd-muet qui sait lire et écrire sera puni, s'il est majeur, comme s'il était en état de minorité simple ; s'il est mineur, il sera classé, pour la peine, dans la période immédiatement inférieure à la sienne [1].

Après les excuses de l'âge et de la surdité de naissance, voyons celle qui peut être tirée de l'ivresse. Cette cause d'atténuation a été passée sous silence par le législateur français, avec l'approbation des théoriciens du dol absolu. La question de l'imputabilité du délit commis en état d'ivresse est du domaine du moraliste autant que du jurisconsulte, et de savantes discussions ont mis la doctrine en situation de la résoudre. Sans vouloir distinguer avec Nicolini quatre degrés dans l'ivresse, il suffit, au point de vue du criminaliste, de la diviser en parfaite et imparfaite, en habituelle et extraordinaire, en volontaire et accidentelle. Suivant la combinaison de ces divers caractères, elle réagira d'une manière différente sur la responsabilité de l'agent.

[1] Code pénal sarde, art. 97, 98.

Lorsque l'ivresse est complète et en même temps accidentelle, il semble qu'elle dégage entièrement l'imputabilité du délit ; l'ivresse absolue étouffe l'intelligence et fait dévier la volonté ; l'infraction commise en cet état n'est pas un acte humain, mais bien le fait d'un furieux ou d'un fou ; si ce sommeil de l'âme n'a pas été provoqué par l'agent, où trouver une place pour la responsabilité ? Mais l'ivresse a été volontaire ; il y a faute alors de la part du délinquant, et son imprudence doit être châtiée. Si l'ivresse complète n'est pas seulement volontaire, mais bien procurée dans un but criminel, la solution du problème devient plus délicate. On peut dire que l'acte, inconscient en lui-même, est imputable dans sa cause ; d'autre part, le concours entre la volonté et l'action n'est pas immédiat et le lien qui les unirait peut avoir été brisé dans l'intervalle. Il semble donc plus équitable d'exclure, même dans ce cas, la responsabilité dolosive et de ne punir que la faute.

Lorsque l'ivresse est imparfaite, elle ne détermine pas l'entière oblitération de la conscience, et dès lors elle ne saurait couvrir tout-à-fait l'acte délictueux qu'elle a produit. Quelle sera la mesure de la responsabilité encourue ? Si l'ivresse n'est pas habituelle, on peut admettre une sorte de surprise de la volonté, et il convient de réduire la pénalité ordinaire ; mais, s'il y a habitude, on joindra l'élément de la faute à la responsabilité incomplète du délit, pour maintenir l'intégrité de la peine.

Ces principes sont ceux qu'a suivis le Code sarde, d'après ses interprètes les plus autorisés : mais l'insuffisance des textes oblige, dans plusieurs cas, à lire à travers les lignes. Suivant une disposition précise, l'homicide commis en état d'ivresse par celui qui n'est pas habitué à s'enivrer, est puni au minimum de sept années de réclusion et peut l'être même des travaux forcés à temps [1].

Je ne vous arrêterai point, Messieurs, sur diverses excuses légales que les deux législations ont prévues dans des conditions identiques. Parmi celles qui offrent des divergences de quelque intérêt, il me reste à examiner l'adultère et la provocation.

Pour que le meurtre et les coups soient excusables pour cause d'adultère, il faut en droit français qu'il y ait eu flagrant délit dans la maison conjugale; l'excuse n'est donc pas admise, s'il y a séparation de corps. En outre, l'époux seul bénéficie de la disposition de la loi, et encore n'est-il pas excusable, s'il a entretenu une concubine dans le domicile commun.

Ces restrictions n'ont pas été consacrées par le législateur sarde. Pourquoi l'excuse ne serait-elle admise que pour des faits accomplis au domicile commun des époux? Pourquoi tirer une fin de non-recevoir de l'inconduite de l'époux, alors qu'il reçoit sous ses yeux un mortel outrage? Quel motif enfin conseille de refuser à l'épouse la réciprocité dans la disposition indulgente de la loi? Le Code de Charles-Albert a admis dans tous les cas l'excuse de l'adultère en flagrant délit; il a pareillement excusé le fait du père ou de la mère qui, dans les mêmes circonstances, punit dans sa propre

[1] Code pénal sarde, art. 608.

maison le déshonneur de sa fille [1]. La loi française déclare le meurtre et les coups et blessures excusables, s'ils ont été provoqués par des coups ou violences graves envers les personnes. Elle est muette sur la provocation simple, et sur la provocation grave qui ne résulte pas d'actes de violence. Avec plus de raison, ce me semble, et en tenant un plus grand compte de l'influence des passions sur le libre arbitre, la loi sarde a admis dans une large mesure, mais avec des gradations de peines, l'excuse de la provocation ; elle reconnaît le caractère de gravité, non-seulement aux coups et violences, lorsqu'il y a lieu, mais encore aux menaces avec armes et aux injures atroces. Ces indications ne sont pas limitatives, et le Code a pris soin de s'en référer, d'une manière générale, à la nature des faits et à la qualité des personnes [2].

Si les excuses sont reconnues valables, la peine est mitigée dans une forte proportion. L'adultère et les provocations graves réduisent la pénalité à un emprisonnement même de six jours, si le fait est criminel ; s'il est correctionnel, on peut descendre à des peines de police. La réduction est de un à trois degrés en cas de provocation simple [3]. La peine demeure entière pour l'homicide qualifié ; il est juste que le parricide soit irrémissible, et les cas d'excuse sont le plus souvent incompatibles par leur nature avec les autres circonstances aggravantes du meurtre [4].

[1] Code pénal sarde, art. 604.
[2] Ibid., art. 605.
[3] Ibid., art. 604, 605, 607, 609, 610.
[4] Ibid., art. 612.

J'ai terminé, Messieurs, l'examen de la première partie du Code pénal de la Savoie ; j'ai exposé les règles générales qu'a suivies le législateur dans la répression des délits, et j'ai constaté plus d'une fois, dans ces prescriptions, une saine inspiration de la doctrine. Il me resterait maintenant à développer la partie spéciale ; je devrais descendre dans le détail des infractions, et, soumettant chacune d'elles au double creuset de la justice et de l'utilité sociale, rechercher comment elle a été définie et réprimée par l'une et l'autre législation. Mais cette tâche, si j'essayais de la remplir même faiblement, m'emporterait bien au delà des limites qui me sont tracées. Je m'abstiendrai donc d'une analyse aussi complète qui ne saurait d'ailleurs être suppléée par des notes sommaires. C'est par des rapprochements de textes, que les deux Codes peuvent être utilement médités. Ceux qui voudraient bien se livrer à cette étude, remarqueraient dans la rédaction sarde des innovations souvent très heureuses, et aussi quelques adoucissements dans les pénalités.

Toutefois, je déserterais le champ de travail que j'ai tenté d'explorer devant vous, si je ne détachais du fond commun laissé dans l'ombre, certaines dispositions qui différencient particulièrement l'ancien Code de la Savoie. Je vais donc passer rapidement en revue les délits contre la Religion et ceux contre les mœurs, le suicide, le duel, et enfin le vol qualifié.

Il n'entre pas dans mon plan de discuter ici le difficile problème des rapports entre l'État et l'Église et des limites respectives de leurs pouvoirs. J'ai à examiner, uniquement au point de vue du criminaliste, comment peut réagir sur les affaires religieuses le principe de justice limité par l'utilité sociale.

L'autorité suprême n'ayant de raison d'être qu'autant qu'elle protége les droits et la liberté des citoyens, doit nécessairement se préoccuper des obstacles que l'exercice de ces droits peut rencontrer. D'autre part, elle doit veiller à ce que l'usage d'un droit légitime ne devienne point attentatoire à la liberté d'autrui. De là deux ordres de dispositions, les unes protégeant la religion de la majorité, les autres défendant la minorité contre l'oppression religieuse. La loi française qui n'a pas de religion d'État accorde une protection égale à tous les cultes ; voyons les dispositions du Code de Charles-Albert.

J'ai déjà dit, Messieurs, que dans cet ordre de délits les pénalités édictées par la loi sarde étaient de beaucoup exagérées. Elles étaient de deux sortes, suivant qu'elles protégeaient la Religion catholique, reconnue comme religion de l'État, ou les autres cultes simplement tolérés. Hâtons-nous de dire que les israélites et les membres des confessions réformées ne représentaient tous ensemble qu'un chiffre très minime de la population du royaume. En protégeant énergiquement le catholicisme, la loi protégeait donc le culte de la presque totalité des citoyens. Nous verrons cependant que, les droits de la minorité étaient loin d'être méconnus, et que sans proclamer son libéralisme, cet État de monarchie pure respectait chez les dissidents la liberté de conscience.

Les délits contre la Religion comprenaient quatre catégories. Dans la première, la loi défendait de troubler par des violences et voies de fait les cérémonies religieuses, soit dans l'église, soit au dehors ; elle interdisait aussi d'outrager et, à plus forte raison , de frapper les ministres du culte dans l'exercice de leurs fonctions. La seconde commandait le respect des objets destinés au culte divin, des vases sacrés et, à plus forte raison, des saintes hosties. La troisième concernait le blasphème et la quatrième, les attaques par la voie de la presse. La loi punissait aussi les offenses et les troubles causant du scandale , même en l'absence de voies de fait. Pour compléter ces dispositions, le vol était réputé qualifié, à raison du lieu ou de la nature de l'objet , lorsqu'il était commis dans une église , ou qu'il s'appliquait à un objet consacré au culte. Tous ces délits étaient punis, suivant la gravité des cas, par des peines criminelles ou correctionnelles [1].

Si l'on cherche à analyser la pensée du législateur dans les mesures répressives, on voit qu'elle consiste, d'une part, à atteindre, dans les délits de droit commun, le caractère de gravité spéciale qu'ils peuvent revêtir, en s'exerçant sur les choses de la Religion, et, d'autre part, à garantir de l'outrage les croyances générales des citoyens. Les moyens employés dépassaient sans doute le but, mais le principe inspirateur se légitime par de hautes considérations de justice et d'intérêt social.

Disons rapidement quelles étaient les dispositions de la loi sarde sur les cultes tolérés. Si l'on considère la situation

---

[1] Code pénal sarde. art. 159 et suiv.. 657, 660.

faite actuellement aux catholiques dans certains pays libres, où, bien que nombreux, ils ne sont pas en majorité, on admettrait facilement qu'un gouvernement absolu, proclamant bien haut son attachement à la vieille foi, ait pu persécuter les dissidents. On tomberait toutefois dans une grave erreur en augurant ainsi de l'ancienne législation de la Savoie. Non-seulement les protestants et les juifs n'étaient pas inquiétés dans la célébration de leur culte, mais leurs rites et cérémonies étaient, en outre, abrités par des peines correctionnelles, du trouble occasionné par des voies de fait, des menaces ou de toute autre manière [1]. Plus tard, on a menacé des mêmes peines ceux qui, par la voie de la presse ou à l'aide de gravures, auraient outragé ou tourné en dérision les cultes tolérés [2].

Les bonnes mœurs sont le fondement de la société civile ; aussi, les lois criminelles de tous les pays ont-elles cherché à les sauvegarder par des peines plus ou moins sévères. Le Code sarde s'est approprié en cette matière quelques-unes des dispositions de la loi française, mais il y a ajouté d'autres prescriptions. Je mentionne en passant celle qui, après s'être occupée de l'outrage public à la pudeur, punit aussi, mais de peines moindres et dans le cas de plainte seulement, l'outrage commis dans un lieu privé.

Je ne rappellerai pas d'autres dispositions de la loi pénale où l'inspiration a été moins heureuse ; mais je dirai que, parmi les crimes contre l'ordre des familles, elle n'a pas oublié l'inceste.

[1] Code pénal sarde, art. 169.
[2] Édit du 26 mars 1848, art. 18.

Le Code de 1810 est muet sur ce genre d'infraction ; je voudrais pouvoir ajouter que, comme le parricide à Athènes, ce crime est inconnu en France, et que c'est là le motif du silence du législateur ; mais les faits, hélas ! me donneraient trop souvent un démenti. La loi civile s'occupe des incestueux et défend de reconnaître les enfants du crime ; mais pourquoi cette abstention de la loi pénale ? C'est que si les relations que la nature défend éveillent les protestations de toutes les consciences, une école, dont la doctrine a prévalu, enseigne que ce crime appartient exclusivement à l'ordre moral, et que la loi sociale n'a pas à en connaître. Serait-ce vrai, Messieurs ? Est-ce que la société n'est pas une agrégation de familles ? Est-ce que les désordres qui tendent à détruire celle-ci n'atteignent pas au cœur celle-là ? Est-ce qu'une nation pourrait se développer et grandir si un pareil ulcère la rongeait impunément ? Oh ! je sais que si de tels faits se produisent isolément, les mœurs publiques les repoussent avec horreur ; mais, enfin, c'est déjà trop que les magistrats puissent les constater sans les punir ; la digue de l'honnêteté est impuissante et la loi pénale doit atteindre celui que la conscience ne parvient pas à diriger vers le bien social.

Telles ont été les inspirations du Code de Charles-Albert ; il ne s'est pas borné à flétrir ce qu'il pouvait châtier justement, et il n'a pas hésité à édicter ces mesures répressives que les réformateurs de 1863 n'ont pas osé insérer dans la loi française[1]. Si nos législateurs de l'avenir entrent jamais dans cette voie, ils n'y suivront point cependant jusqu'au

---

[1] Code pénal sarde, art. 522.

bout leur prédécesseur de Sardaigne. Celui-ci, en effet, en posant un principe qui devrait être inscrit dans tous les Codes, en a peut-être poussé trop loin les conséquences ; il ne devait point considérer comme incestueuses certaines unions illicites sans doute, mais qu'un mariage peut rendre honnêtes.

Ceci m'amène à relever en passant une conséquence probablement non prévue de certaine disposition de la loi française. Le droit romain et plus tard le droit canonique ont permis le mariage à quatorze ans à l'homme et à douze ans à la femme. Ces bases n'ont pas été adoptées par le législateur civil, et la loi pénale punit comme des attentats les unions qui précèderaient l'âge de treize ans. Mais les dispositions du droit ancien sont demeurées en vigueur dans plus d'un État étranger ; si, sous le couvert de leur statut personnel, des étrangers, bénéficiant du droit romain, viennent habiter la France, la loi du territoire frappera de peines une situation conforme cependant et à la morale et au droit de leur pays.

Parmi les plaies secrètes qui rongent notre civilisation à tous les degrés de l'échelle sociale, il faut incontestablement ranger le suicide. A des époques moins tourmentées que la nôtre, on a vu sans doute des individus, las de l'existence, réfugier leur désespoir dans la mort ; mais ce profond dégoût de la vie qui pousse aujourd'hui tant de malheureux, riches ou pauvres, à la destruction d'eux-mêmes, ne se propage guère que dans les sociétés déjà mûres, et qui ont dépassé peut-être l'apogée de la civilisation. A ce point de vue, la recrudescence du mal est symptomatique, et il ne suffit pas de traiter la maladie en elle-même, il faut entreprendre sa guérison de plus haut.

La diffusion des sciences et l'accroissement du bien-être, l'extinction du paupérisme, si elle est possible, seraient des moyens puissants de combattre cette épidémie morale ; mais la religion et la philosophie seront toujours les meilleures armes contre le fléau.

Il n'est guère contesté, parmi les écrivains spiritualistes, que le suicide ne soit un crime contre soi-même et contre Dieu : mais plusieurs enseignent que ce crime ne relève que de la conscience, et que la société n'a pas à en demander compte. D'autres vont plus loin encore et prétendent absoudre, dans certains cas, que dis-je ? glorifier le suicide ! Dans les affaires, un homme d'honneur peut devenir victime de la friponnerie ; qu'il entraîne dans son désastre d'autres victimes innocentes, et on entendra dire autour de soi : « Si c'est un honnête homme, il n'a plus qu'à se tuer. » Singulière honnêteté que celle qui préfère la fuite à la lutte, le désespoir au travail, aux chances de reconquérir la fortune et de solder ses créanciers !

Je prétends, avec les meilleurs criminalistes, que le suicide n'est pas seulement un crime irrémissible en morale, mais qu'il porte encore une grave atteinte à l'ordre social ; il prive la famille humaine d'un de ses membres, il enlève à l'Etat un citoyen. L'homicide de lui-même fait mépris de l'agrégation civile ; il refuse à ses semblables la coopération qu'il doit à l'œuvre commune ; sa désertion de la vie est une rébellion suprême contre la société. Le suicide doit donc être flétri comme un crime. Mais, dira-t-on, quelle peine efficace pourra l'atteindre dans la mort? Le malheureux qui se tue agit quelquefois par un faux sentiment d'honneur; quel que soit son mobile, son acte de désespoir n'exclut pas le désir suprême que sa mémoire soit respectée. C'est là qu'il pourra être frappé utilement, s'il sait, avant de mourir, qu'il encourra la flétrissure de la loi et de l'opinion publique; celui qui ne craint pas la mort peut reculer devant le déshonneur.

Je ne demande pas, Messieurs, que, suivant des errements oubliés, le cadavre du suicidé soit traîné sur une claie à travers les villes, afin de châtier les vivants de la faute du mort. Mais ne peut-on lui refuser les honneurs de la sépulture? Ne peut-on annuler ses dispositions de dernière volonté? Le droit testamentaire suppose l'immortalité de l'âme; pourquoi respecterait-on comme persistante une volonté dont le dernier espoir est de s'abîmer dans le néant? L'anomalie singulière que présente le suicide, lâcheté si on s'attache au présent, courage étrange si on se tourne vers l'avenir, a fait penser à quelques-uns que cet acte participe dans tous les cas de la folie. Je dirai aux prôneurs de ce système : pourquoi, en validant son testament, ferez-vous prévaloir la volonté d'un fou?

Telles sont, à mon avis, les mesures que le législateur pourrait sagement édicter contre le suicide. Ce *desideratum* de la loi française était rempli par le Code sarde. Il punissait en outre la tentative de suicide d'une détention spéciale, sorte de garde à vue qui durait de un à trois ans [1].

[1] Code pénal sarde, art. 585.

Le duel ne trouble pas moins que le suicide l'ordre établi dans la société et doit incontestablement être puni. Dernier vestige d'une époque reculée où la justice n'était souvent que nominale, où l'action de la loi était dépourvue d'efficacité, le combat privé s'éteint graduellement et disparaîtra un jour de nos mœurs. Il n'est pas difficile de démontrer que la morale et l'intérêt social le défendent également. Le duelliste commet ou tente de commettre un homicide, en dehors des nécessités absolues de la légitime défense ; il se place au-dessus de la loi, et dédaigneux des réparations de la justice, il érige la violence en arbitre de ses griefs. S'il est lui-même l'offenseur, son crime est plus palpable encore, car il ajoute à l'outrage un meurtre commis ou tenté. D'autre part, cette infraction est évidemment d'une nature spéciale, lorsqu'en descendant dans le champ clos, on présente sa poitrine à l'adversaire, on ne peut être assimilé à l'assassin ou au simple meurtrier. La loi doit donc punir le duel, mais sans le confondre avec les actes ordinaires de violence ; quant aux témoins, il faut distinguer les provocateurs, ceux qui ont préparé et organisé le duel, des simples assistants du combat. Les premiers sont de véritables complices et doivent subir une peine ; l'immunité doit être acquise aux derniers. Pourquoi punir ceux qui n'ont prêté leur ministère que pour garantir la loyauté de la lutte et parer à ses résultats?

Plus ou moins conformes à ces principes, les lois anciennes de la France n'ont pas confondu le duel avec les infractions dont il revêt les apparences. Mais le Code pénal de 1810 l'a complètement mis en oubli. Quant à la jurisprudence, elle a subi des variations. Elle est à peu près nulle sous le premier Empire ; on se battait alors contre l'Europe ; on n'avait pas de loisirs pour un combat singulier. Sous la Restauration on interpréta favorablement le silence de la loi, et le duel loyal, quel qu'en fût le résultat, fut considéré comme exempt de peine. Puis, vint le régime de 1830, et un fameux réquisitoire de M. le Procureur général Dupin fit lire autrement à travers les lignes du Code ; la réciprocité des chances du combat, qui donne au duel un caractère particulier, ne fut plus une cause d'atténuation, et le combattant outragé qui frappe en se défendant devint un meurtrier vulgaire. Quant aux témoins, ils furent tous, sans distinction, considérés et punis comme des complices. Cette jurisprudence si rigoureuse et qui méconnait la nature du duel subsiste encore aujourd'hui. Le Code sarde l'a répudiée avec raison. Il s'occupe du duel comme d'une infraction d'une nature particulière, et il le punit en général de la rélégation, c'est-à-dire de la détention dans une forteresse ; il gradue avec soin les pénalités et vise spécialement l'auteur du défi, lorsqu'il est en même temps le provocateur de la querelle qui a motivé le combat ; les intermédiaires du duel sont punis comme complices, mais la loi exempte de peines les autres témoins [1].

Je finis, Messieurs, en signalant à votre attention les dispositions de la loi sarde en matière de vol ; vous remarquerez en les lisant le groupement méthodique des qualifications, l'idée de valeur introduite dans les circonstances ag-

[1] Code pénal sarde, art. 352 et suiv.

gravantes, enfin l'adoucissement et la sage gradation des pénalités [1].

J'ai terminé cette esquisse rapide des anciennes lois criminelles de la Savoie : Sans méconnaître les droits de la critique, j'ai cherché à détacher de l'ombre des dispositions qui, le plus souvent, ne dépareraient point nos Codes ; la nuance en est parfois délicate et la contexture finement ciselée, ; mais leur caractère essentiellement doctrinal ne se heurtait point à l'omnipotence du jury et trouvait dans les magistrats des interprètes savants et consciencieux ; le droit français, plus simple, est également en harmonie avec la juridiction chargée de l'appliquer. En évoquant cette loi morte qui pourrait revivre comme raison écrite, je ne puis, toutefois, espérer d'avoir atteint mon but dans une étude aussi incomplète, heureux si vous ne la jugez point trop indigne de vous !... Je parle devant des magistrats à qui tous les secrets de la science juridique sont familiers, et beaucoup d'entre eux ont blanchi dans l'application de ce droit ancien dont j'ai présenté une pâle analyse ; puissent-ils excuser ma témérité !...

MESSIEURS DE LA COUR,

J'avais, depuis quelques mois à peine, l'insigne honneur d'appartenir à votre Compagnie lorsque j'ai vu la mort frapper dans ses rangs, et j'ai aujourd'hui le triste privilége de faire l'éloge des Magistrats qui ne sont plus. Atteint d'un

[1] Code pénal sarde, art. 652, 653 et suiv.

mal incurable, M. Saulnier a succombé au moment même
où une dernière réaction de la vie lui faisait concevoir quelque espérance. Sa carrière de Magistrat avait été honorablement remplie. En parcourant plusieurs résidences des deux
départements de la Savoie, il s'est élevé, par son travail, des
derniers échelons|de l'ordre judiciaire au rang de Conseiller à
la Cour d'appel. Juge au Tribunal d'Annecy, à l'époque de l'annexion de la Savoie à la France, son aptitude le désigna aux
nouveaux chefs pour des fonctions d'avancement hors du
ressort. Mais ses convenances particulières le fixèrent à Annecy, où il obtint, dès le 4 août 1860, la vice-présidence du
Tribunal. C'est de là qu'il fut appelé, il y a trois ans, au
sein de votre Compagnie, où, au lieu d'un repos mérité, il a
bientôt trouvé la mort.

L'année judiciaire allait s'ouvrir, quand un nouveau deuil
est venu nous attrister. Nous avons vu disparaître du tableau
de l'honorariat, un nom inscrit, depuis plus d'un demi-siècle,
dans la Magistrature de Chambéry. Enfant de cette ville, où
il lui a été donné de remplir toute sa carrière, M. le président Mareschal y a joui de l'estime et du respect de deux
générations. Il était d'une famille honorablement connue
dans toute la Savoie, et qui est représentée dans la Magistrature, dans l'Eglise, dans les fonctions publiques, par les su-
jets les plus distingués. Lui-même a, pendant sa vie judiciaire, donné les preuves d'un mérite universellement re-
connu. Docteur de l'Université de Turin, il obtint, dès 1822,
un siége au Tribunal de Chambéry ; bientôt après, il traversa
le Bureau des pauvres pour arriver au Parquet de l'Avocat

général, et s'asseoir, en 1837, dans un fauteuil de sénateur. C'était l'un des derniers survivants de cette illustre Compagnie dont vous êtes aujourd'hui les dignes représentants. M. Mareschal a vu graduellement s'éteindre les vestiges du passé et se transformer nos institutions judiciaires et politiques. Dans l'organisation de 1860, désigné, par son mérite, au choix du gouvernement, il ne tarda pas à conquérir un siége à la Présidence ; il l'a occupé avec honneur jusqu'à l'heure marquée par la loi.

Officier de l'ordre des Saints Maurice et Lazare, plus tard chevalier de la Légion d'honneur, il a rempli, accessoirement à ses devoirs judiciaires, d'honorables et importantes fonctions administratives. Esprit judicieux et indépendant, Magistrat laborieux et instruit, M. Mareschal a fourni une longue et honorable carrière ; il nous laisse en s'éteignant les meilleurs exemples et il lègue à sa famille les plus respectables traditions.

Avant de clore ces paroles d'adieu, permettez-moi de saluer le départ d'un Magistrat qu'un décret récent vient d'appeler à un honorable repos. Atteint par l'âge, mais non par la caducité, M. le conseiller Dubouloz descend plein de vie d'un siége dignement occupé pendant de longues années. L'heure n'est pas venue encore de faire ici son éloge ; mais sans vouloir dénouer par avance des liens que l'honorariat ne brise point, j'ai le droit de lui adresser, dès aujourd'hui, au nom de la Cour, un témoignage mérité d'estime et un juste tribut de regrets.

Messieurs les Avocats ,

La marche hâtive du temps a presque renouvelé votre tableau, depuis l'époque oubliée que j'ai exhumée devant vous ; l'ancien Barreau compte encore toutefois d'honorables représentants. Cette vieille école, si féconde en hommes de talent et de science, avait un juste renom dans toute la Savoie, et sa solidité de doctrine était reconnue même au dehors. Vous êtes les héritiers de cet Ordre où le savoir ne le disputait qu'au désintéressement. Heureux le Barreau qui a derrière lui de pareilles traditions et qui sait les suivre en y ajoutant ce que l'éloquence trouve de prestige dans une parole correcte et mesurée !

Messieurs les Avoués,

Quelles que soient les variations du droit, vous en êtes généralement les premiers interprètes ; la justesse de votre coup-d'œil est depuis longtemps connue et appréciée des Magistrats. Vous êtes pour eux de puissants auxiliaires, en leur présentant sous une forme juridique les prétentions amendées de vos clients. Que l'esprit de désintéressement et de justice ne déserte jamais vos travaux et ne cesse pas de faire l'honneur de votre corporation !

Pour le Procureur général, nous requérons qu'il plaise à la Cour nous donner acte de l'accomplissement des prescriptions de l'art 34 du décret du 6 juillet 1810, et admettre les Avocats présents à la barre à renouveler leur serment professionnel.

M. le Premier Président fait donner lecture, par le Greffier en chef, de la formule du serment.

Cette lecture faite, Me Perrier de la Bâthie, bâtonnier de l'Ordre (seul avocat présent à la séance) étant debout, lève la main droite et dit à haute voix : « Je le jure. »

Sur la demande de M. le Premier Président, M. le Procureur général déclare qu'il n'a pas d'autres réquisitions à faire.

La Cour donne acte à M. le Procureur général de ses réquisitions, dit qu'il a été satisfait aux dispositions de l'article 34 du décret du 6 juillet 1810, et ordonne qu'il en sera fait mention au procès-verbal. La séance est levée.

Étaient présents : MM. Aragon, chevalier de la Légion d'honneur, Premier Président ; Greyfié de Bellecombe, commandeur de la Légion d'honneur et de Saint-Grégoire le Grand, et officier de l'instruction publique, doyen des présidents de chambre ; Bazot, chevalier de la Légion d'honneur, Président ; de Blay, chevalier de l'Ordre des Saints Maurice et Lazare ; Duboin, officier du même Ordre ; de Tours, de Viry, chevaliers de la Légion d'honneur et de l'Ordre des Saints Maurice et Lazare ; Dénarié, chevalier de la Légion d'honneur ; Gros ; Rey, chevalier de la Légion d'honneur ; Coppier, Mulsant, Portier du Bellair, Gotteland ; Deschamps, chevalier de la Légion d'honneur ; de Kesling ; Chastel, chevalier de la Légion d'honneur ; Arminjon, Goybet ; Laracine, chevalier de la Légion d'honneur, et Lobinhes, tous Conseillers ; de Prandière, chevalier de la Légion d'honneur, Procureur général ;

Maurel, chevalier de la Légion d'honneur, premier Avocat général ; Gimelle, Avocat général ; Grand et Pacoret de Saint-Bon, substituts ; Guillermet, greffier en chef ; Ract, Humblot, Francoz et Péthellaz, commis-greffiers.

M. Portier, Conseiller, n'a pu assister à la séance pour cause d'indisposition constatée, sans absence de résidence.

Dont acte.

390.—Chambéry, imprimerie CHATELAIN, succr de Puthod, rue du Verney.